Intr

¡Bienvenido a tu viaje hacia el idioma inglés!
En estas páginas, aprenderás palabras y
expresiones comunes utilizadas en
conversaciones de cada dia.

El inglés es un idioma muy diverso, y dominar
estos términos esenciales es el primer paso
hacia la fluidez.

Objetivo

*Familiarízate con el vocabulario
fundamental y su uso práctico.*

¡Sí, tu puedes!

Saludos y despedidas

Vocabulario:

- Hola – Hi, Hello (saludo informal)
- Buenos días – Good morning
- Buenas tardes – Good afternoon
- Buenas noches – Good evening o good night
- Adiós – Goodbye

Ejemplos

- Hello, how are you?
  (Hola, ¿cómo estás?)
- Good afternoon, see you tomorrow.
  (Buenas tardes, nos vemos mañana.)

Hello!

Ejercicio:

Practica saludando y despidiéndote en voz alta utilizando estas expresiones.

Pronombres Personales

- I – Yo
- You (informal singular) – Tú
- He / She – Él / Ella
- We (masculino/feminino) – Nosotros / Nosotras
- You all – Vosotros / Vosotras
- They (masculino/feminino) – Ellos / Ellas

Ejemplos:

- *I study English. (Yo estudio inglés.)*
- *She is my friend. (Ella es mi amiga.)*

Ejercicio:

Escribe una oración simple usando cada pronombre.

Expresiones de cortesía

. Por favor – Please

. Gracias – Thank you

. De nada – You're welcome

. Perdón / Disculpa – Excuse me / Sorry

Ejemplos:

.Can you pass me the salt, please?

(¿Me pasas la sal, por favor?)

.Thank you, you're welcome.

(Gracias, de nada.)

Ejercicio:

Imagina un breve diálogo en una tienda utilizando estas expresiones de cortesía.

Días de la Semana

- *Lunes – Monday*
- *Martes – Tuesday*
- *Miércoles – Wednesday*
- *Jueves – Thursday*
- *Viernes – Friday*
- *Sábado – Saturday*
- *Domingo – Sunday*

Ejemplo:

- *On Monday I have English class.*
  (El lunes tengo clase de ingles.)

Ejercicio:

Elige tu día favorito de la semana y escribe una oración explicando por qué, usando el término en ingles.

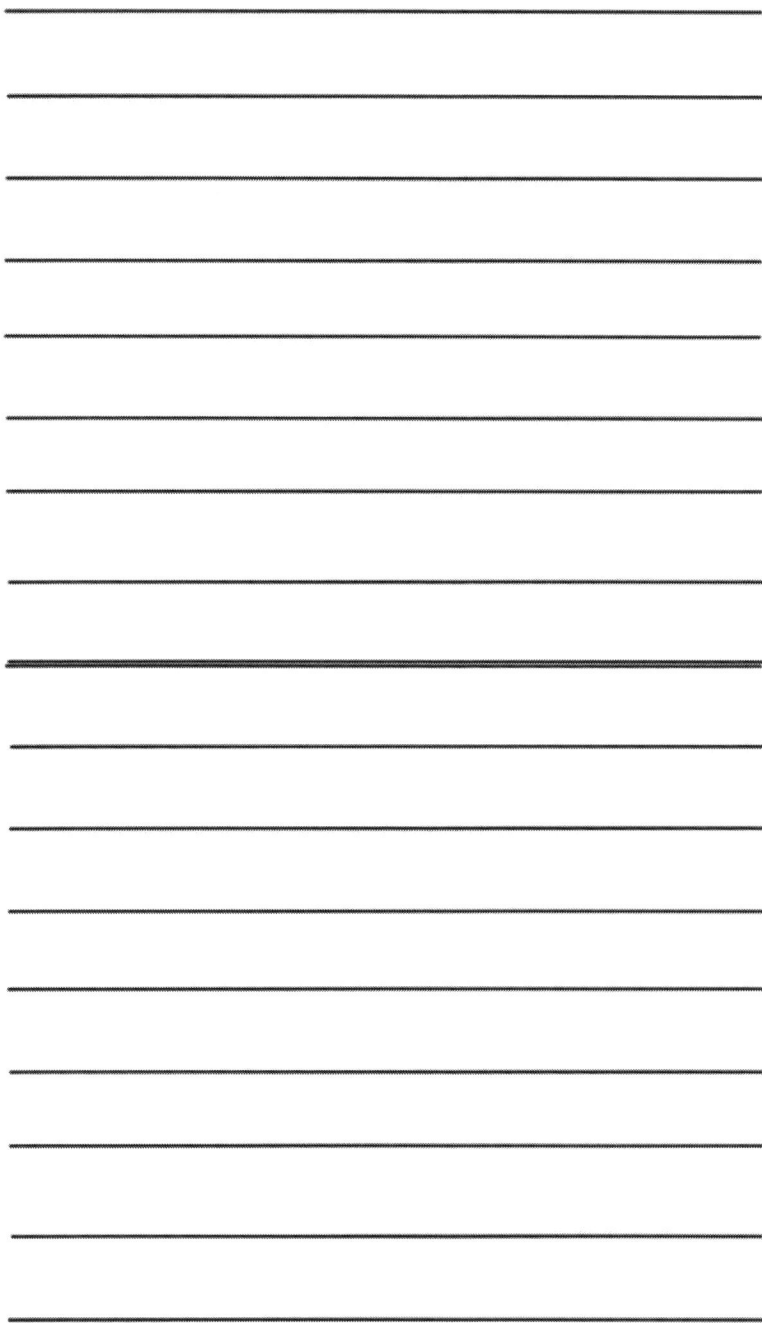

Colores básicos

Vocabulario:

- *Rojo – Red*
- *Azul – Blue*
- *Verde – Green*
- *Amarillo – Yellow*
- *Negro – Black*
- *Blanco – White*

Ejemplo:

- *The apple is red.*
  (La manzana es roja.)

Ejercicio:

Mira a tu alrededor y nombra al menos tres objetos con sus colores en inglés.

Por ejemplo:

- *A brown table (Una mesa marrón.)*
- *A blue book (Un libro azul.)*
- *A black chair (Una silla negra.)*

Números Básicos

.1 – One
.2 – Two
.3 – Three
.4 – Four
.5 – Five
.6 – Six
.7 – Seven
.8 – Eight
.9 – Nine
.10 – Ten

Ejemplo:

. I have three apples.
(Tengo tres manzanas.)

Ejercicio:

Cuenta en voz alta del 1 al 10 en inglés y escribe una oración que incluya al menos dos números.

Meses y Temporadas

- January: Enero
- February: Febrero
- March: Marzo
- April: Abril
- May: Mayo
- June: Junio
- July: Julio
- August: Agosto
- September: Septiembre
- October: Octubre
- November: Noviembre
- December: Diciembre

- Spring: Primavera
- Summer: Verano
- Autumn/Fall: Otoño
- Winter: Invierno

Ejemplo:

- *In July it's hot; it's summer.*
  (En julio hace calor, es verano.)

Ejercicio:

Asocia cada estación con un mes representativo y describe el clima típico en español.

Lugares

- *Home– Casa*
- *School – Escuela*
- *Store – Tienda*
- *Work – Trabajo*
- *Park – Parque*

Ejemplo:

- *I go to the park on Sundays.*
  (Voy al parque los domingos)

Ejercicio:

Describe la ruta desde tu casa hasta tu escuela o lugar de trabajo en direcciones simples en ingles.

Verbos Comunes

1. Eat – Comer
2. Run – Correr
3. Write – Escribir
4. Speak – Hablar
5. Read – Leer
6. Sleep – Dormir
7. Walk – Caminar
8. Drink – Beber
9. See – Ver
10. Hear – Oír

Ejemplo:

- Yo corro con mis amigos cada domingo.
  (I run with my friends every Sunday.)

Ejercicio:

Crea oraciones utilizando cada uno de estos verbos.

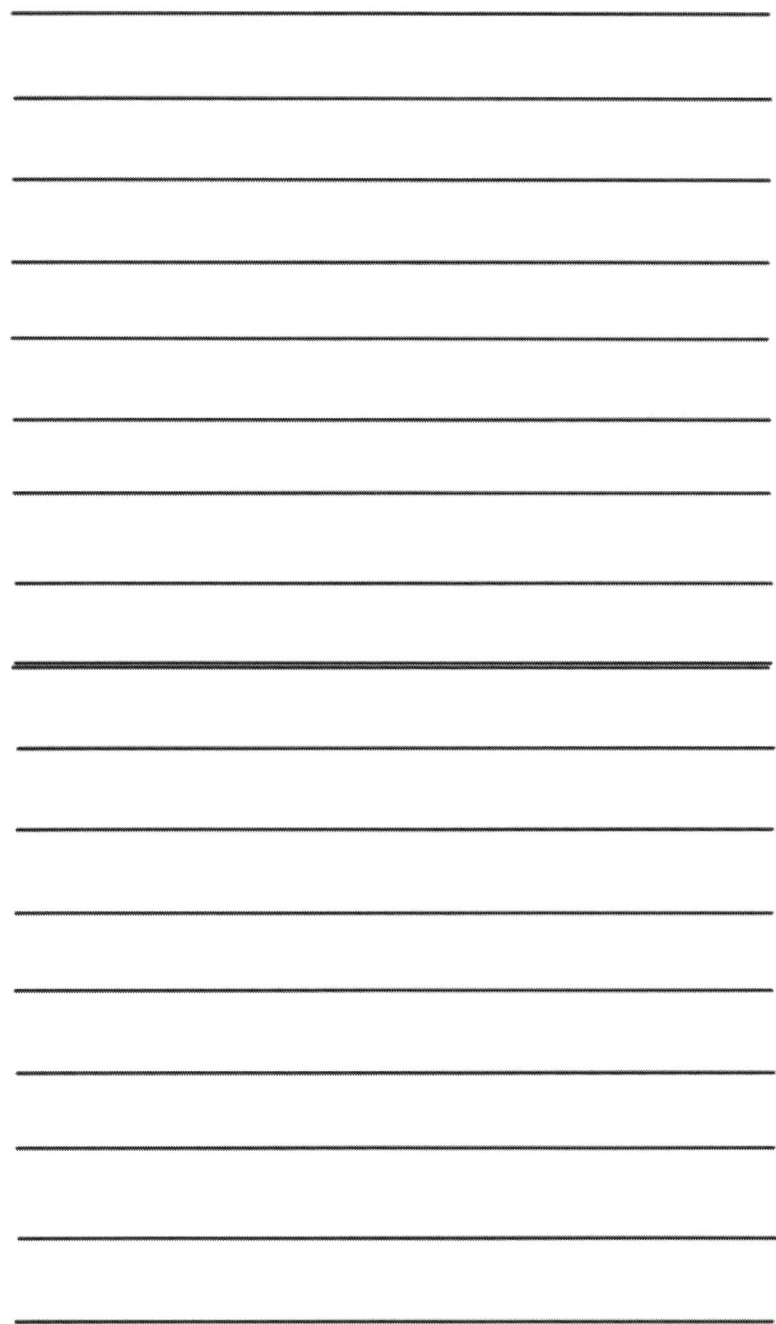

Adjetivos Comunes

- *Good – Bueno / Buena*
- *Bad – Malo / Mala*
- *Big – Grande*
- *Small – Pequeño / Pequeña*
- *New – Nuevo / Nueva*
- *Old – Viejo / Vieja*

Ejemplo:

The car is new and fast.
(El carro es nuevo y rápido.)

Ejercicio:

Describe tu habitación en español usando tres adjetivos diferentes.

Animales

Bird

Fish

Rabbit

Horse

Cat

Cow

Turtle

Comidas Comunes

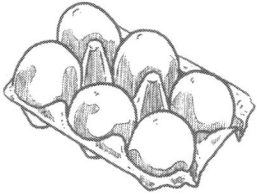

Eggs

Chicken

Rice

Steak

Cheese

Artículos y Sustantivos Comunes

- *The - El / La (por ejemplo, The dog, the house)*
- *A / An - Un / Una (por ejemplo, A book, A table)*

Sustantivos básicos:

- *House (Casa), Dog (perro), Book (libro), Car (Carro/coche).*

Ejemplos:

- *The house is big. (La casa es grande.)*
- *A dog runs in the park. (Un perro corre en el parque.)*

Ejercicio:

Escribe cinco oraciones usando tanto un artículo definido como uno indefinido.

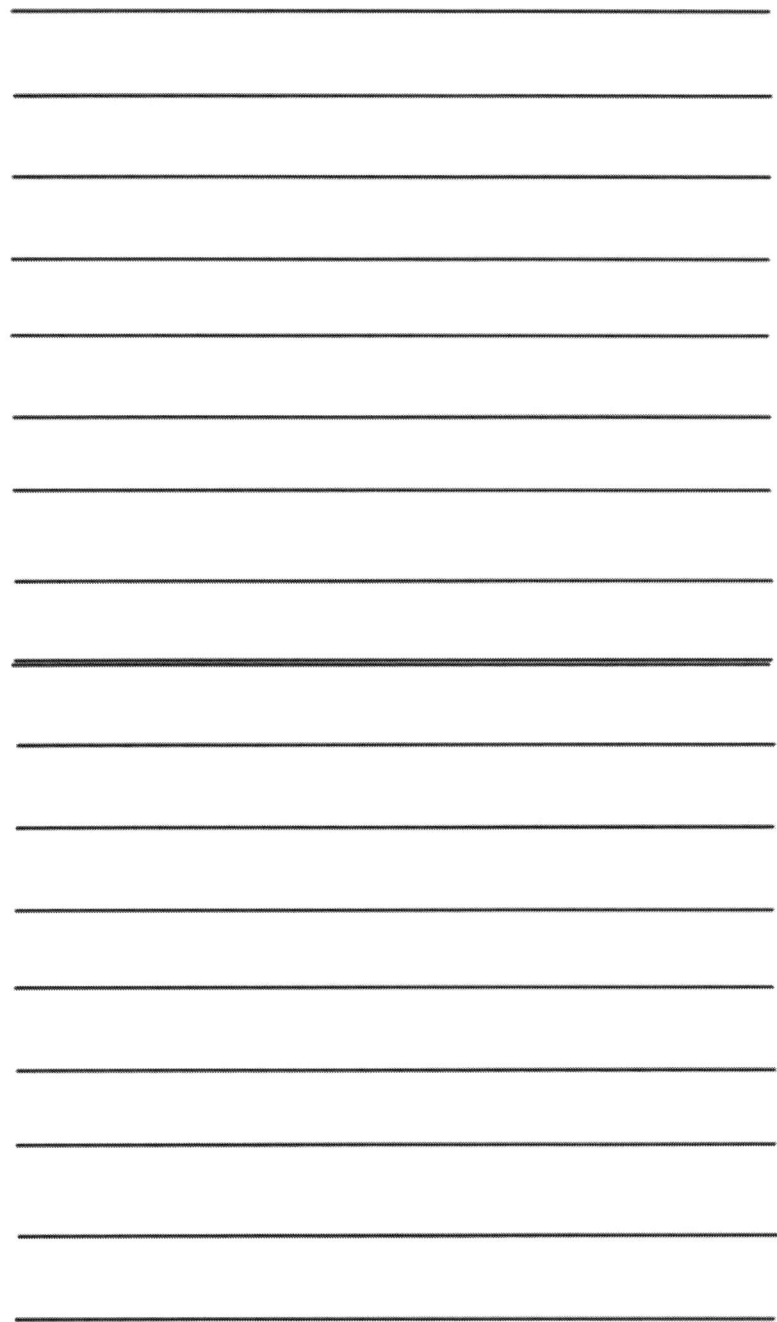

Expresiones básicas

Estoy en la casa.
(I am in the house.)

Estamos en la casa.
(We are in the house)

Vamos al parque a jugar.
(We are going to the park to play.)

El libro está sobre la mesa.
(The book is on the table.)

Salimos de la oficina tarde.
(We left the office late.)

Sali de la officina tarde.
(I left the office late.)

Camino sin zapatos en la playa.
(I walk without shoes on the beach.)

Frases Básicas

What is your name? – Como te llamas?

Me llamo... – My name is...

Entiendo – I understand

No entiendo – I don't understand

Nice to meet you. – Mucho gusto.

Right – Derecha

Left – Izquierda

Up – Arriba

Down – Abajo

Here – Aqui

There – Alli

Elevator – Ascensor

Breakfast – Desayuno

Lunch – Almuerzo

Dinner – Cena

Frases Comunes de Conversación

- *How are you? -¿Cómo estás?*
- *I'm fine, thank you. - Estoy bien, gracias.*
- *What's up? -¿Qué tal? /¿Que paso?*
- *Nice to meet you. - Mucho gusto en conocerlo.*

Ejemplo de Diálogo:

- *- Hi, how are you?*
  (Hola, ¿Como esta?
- *- I'm fine, thank you. And you?*
  (Yo, bien, gracias. ¿y usted?)

Ejercicio:

Practica una breve conversación con un compañero usando estas frases.

Palabras Interrogativas

Palabras clave para hacer preguntas:

- *What - Qué*
- *Who - Quién*
- *How - Cómo*
- *When - Cuándo*
- *Where - Dónde*
- *Why - Por qué*

Ejemplos:

- *What are you doing today?*
  (¿Qué haces hoy?)
- *Where is the bathroom?*
  (¿Dónde está el baño?)

Ejercicio:

Escribe tres preguntas en español usando estas palabras.

Silverware

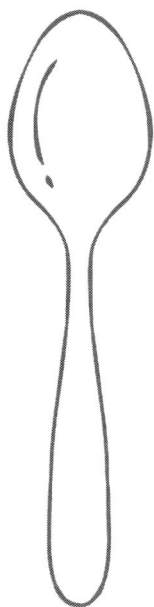

Spoon

Fork

Knife

Palabras Relacionadas con el Tiempo

Vocabulario:

- *Ahora – Now*
- *Luego – Later/Then*
- *Antes – Before*
- *Después – After*
- *Siempre – Always*
- *Nunca – Never*

Ejemplo:

I study now and then go for a walk.
(Estudio ahora y luego salgo a pasear.)

Ejercicio:

Escribe una breve secuencia de tus actividades diarias usando estas palabras de tiempo en ingles.

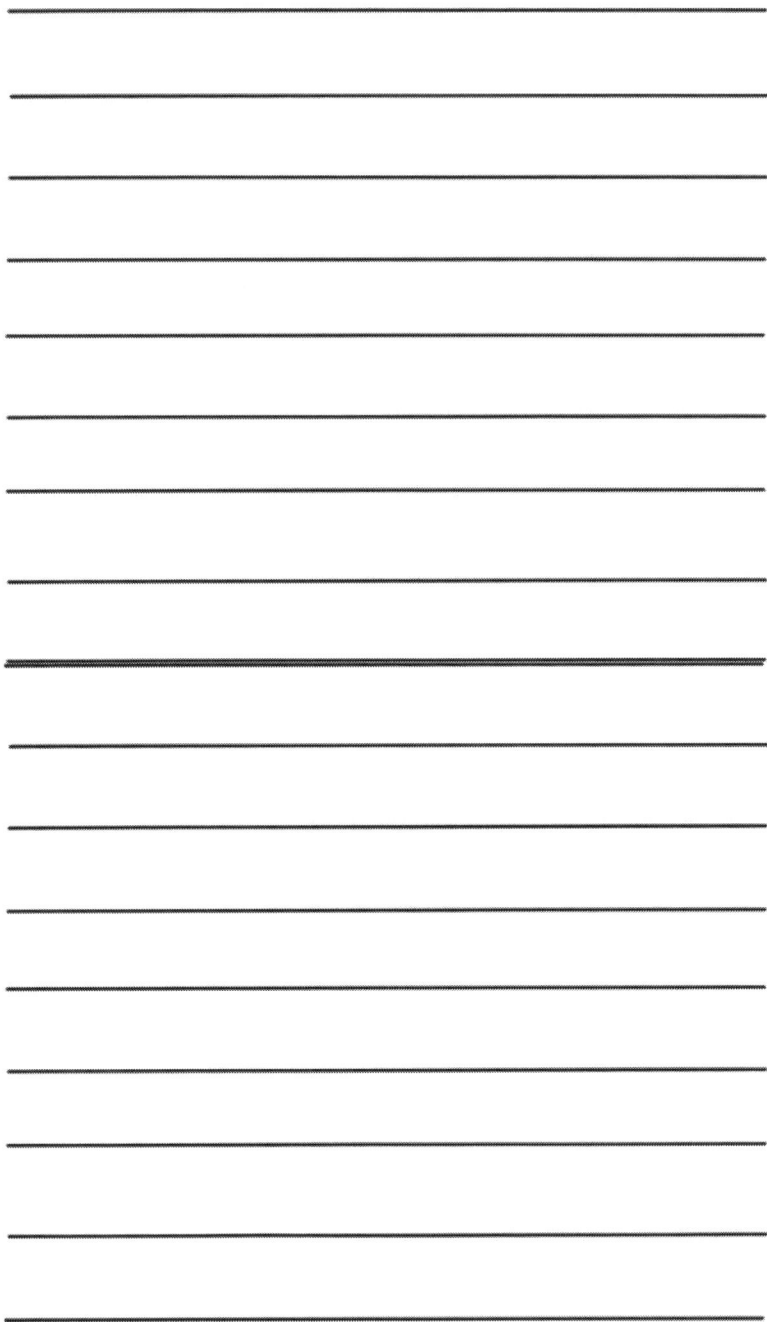

Vocabulario de la Familia

Miembros de la Familia:

- *Mother – Madre*
- *Father – Padre*
- *Brother / Sister – Hermano / Hermana*
- *Grandfather / Grandmother – Abuelo / Abuela*
- *Uncle / Aunt – Tío / Tía*
- *Cousin – Primo / Prima*

Ejemplo:

- *My mother cooks very well.*
  (Mi madre cocina muy bien.)

Ejercicio:

Dibuja un árbol genealógico simple y etiqueta a cada miembro en ingles.

Verbos de Movimiento

- *Come - Venir (hacia el hablante)*
- *Go - Ir (lejos del hablante)*
- *Arrive - Llegar*
- *Leave - Salir*
- *Return - regresar*

Ejemplo:

- *I go to the market and return home.*
  (Voy al mercado y regreso a casa.)

Ejercicio:

Escribe una historia corta sobre un breve viaje utilizando estos verbos de movimiento.

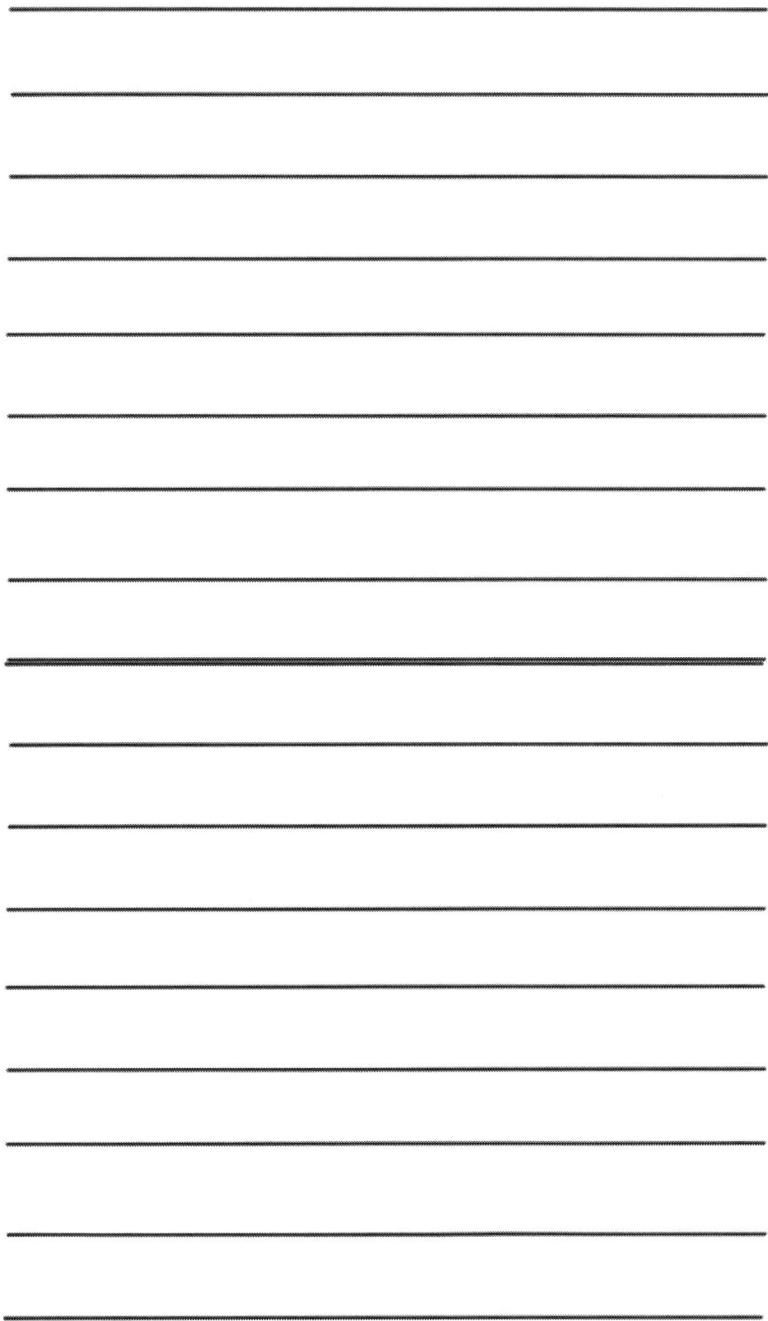

Vocabulario de Comida

- *Agua – Water*
- *Pan – Bread*
- *Fruta – Fruit (por ejemplo, manzana, plátano, naranja)*
- *Carne – Meat*
- *Leche – Milk*

Ejemplo:

- *I drink a glass of water. (Tomo un vaso de agua.)*

Ejercicio:

Enumera tu comida favorita y traduce cada componente al español.

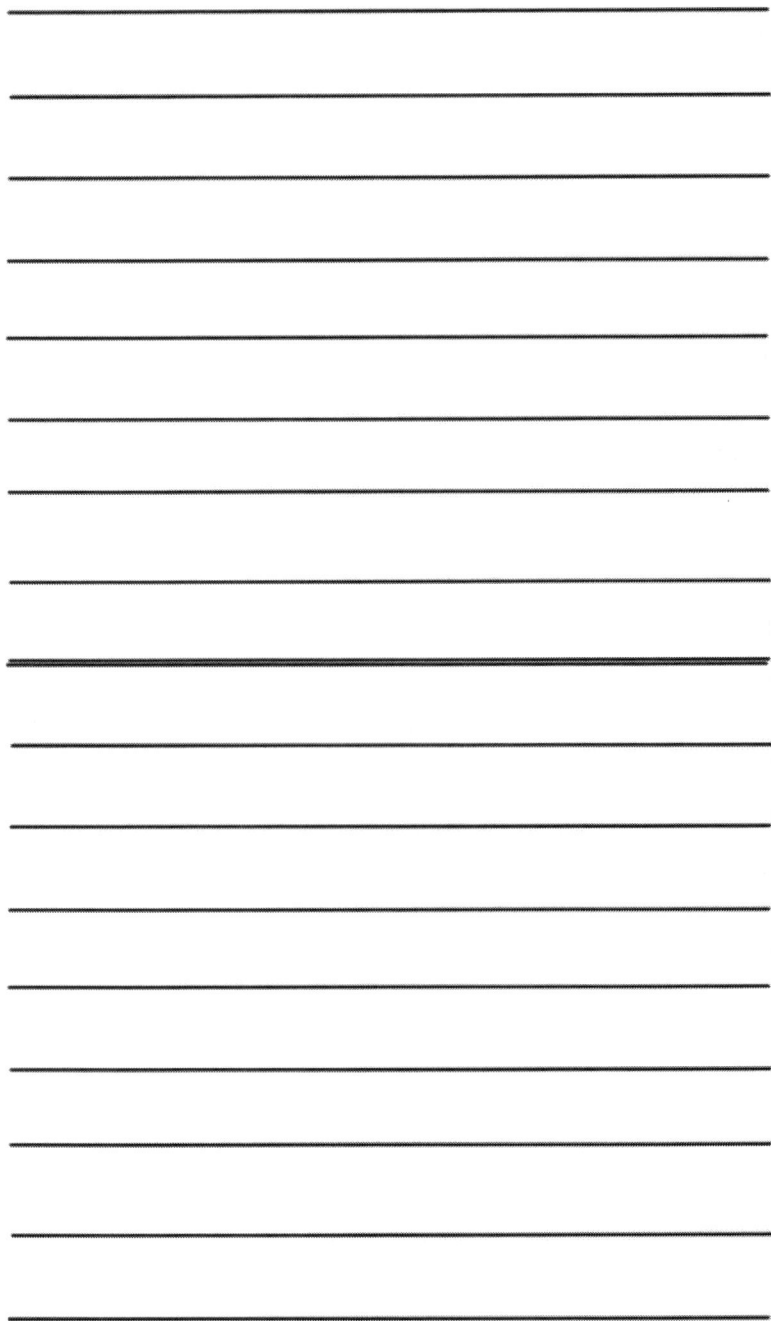

Conceptos de la vida

Conceptos importantes:

- *Amor – Love*
- *Amistad – Friendship*
- *Felicidad – Happiness*
- *Salud – Health*
- *Dinero – Money*

Ejemplo:

- *Friendship is very important in life.*
  (La amistad es muy importante en la vida.)

Ejercicio:

Escribe una frase en español describiendo qué significa cada una de estas palabras para ti.

.

Instrumentos Musicales

Trumpet

Piano

Drum

Guitar

Keyboard

verbos adicionales

- Say – Decir
- See – Ver
- Hear – Oír
- Think – Pensar
- Know – Saber algo/ Saber hacer algo

Ejemplo:

I tell the truth and see the world optimistically.
(Yo digo la verdad y veo el mundo con optimismo.)

Ejercicio:

Combina dos o tres de estos verbos en una oración para describir acciones cotidianas.

Partes del cuerpo

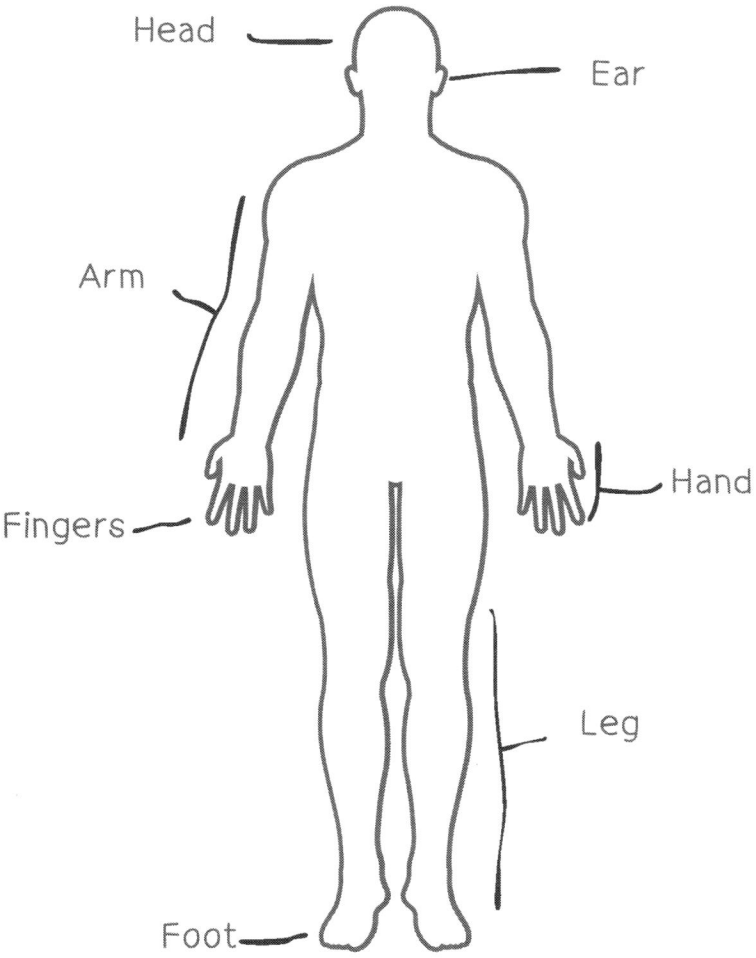

Head

Ear

Arm

Fingers

Hand

Leg

Foot

Estrategias y Consejos de Aprendizaje

- *Practicar diariamente: Dedica al menos 15 minutos a repasar vocabulario en inglés.*
- *Usar tarjetas de memoria: Ayudan a memorizar palabras y expresiones en inglés.*
- *Escuchar y repetir: Mira videos o escucha podcasts en inglés para mejorar tu pronunciación.*
- *Interactuar con hablantes nativos: Únete a grupos de intercambio de idiomas o reuniones de conversación.*

Ejercicio:

Crea tu propio conjunto de tarjetas de memoria con las palabras de este libro y revísalas todos los días.

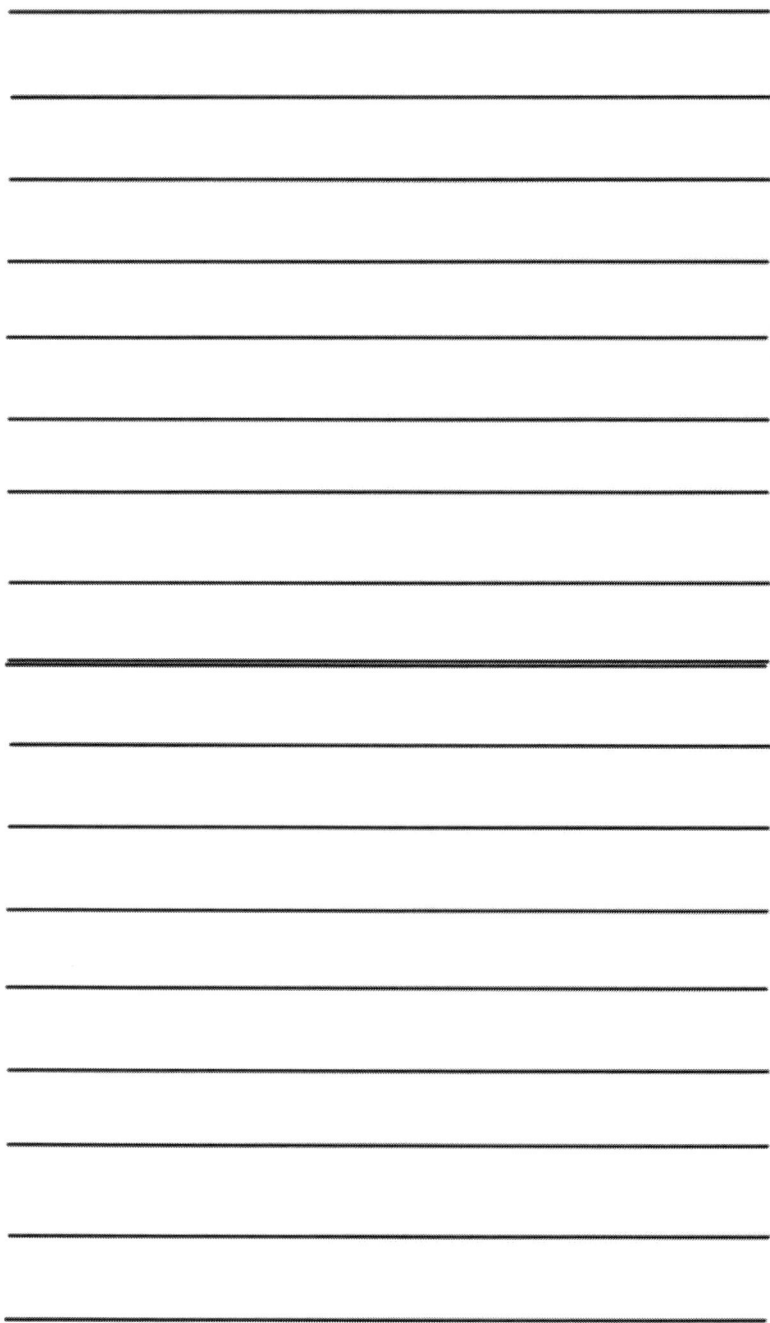

¡Felicidades!

En estas 60 páginas, has aprendido vocabulario fundamental de inglés y expresiones clave. Recuerda, la práctica constante es la clave para dominar cualquier idioma.

Recursos adicionales:

- Aplicaciones móviles para aprender inglés
- Sitios web con ejercicios interactivos
- Grupos de intercambio de idiomas y clubes de conversación

Reflexión final:

Sigue practicando, explora más sobre el idioma, y pronto notarás mejoras en tu fluidez y comprensión.

¡Te deseo mucha suerte en tu viaje para dominar el inglés!

Made in the USA
Las Vegas, NV
22 May 2025